CAMPAGNE DE 1870

ARMÉE DU RHIN

LES

AMBULANCES .

IMPRIMERIE J. CLAYE
RUE SAINT-BENOIT 7

PARIS

CAMPAGNE DE 1870

ARMÉE DU RHIN

LES

AMBULANCES

PAR

LE Dr FERDINAND QUESNOY

MÉDECIN PRINCIPAL DE 1re CLASSE A L'ARMÉE DU RHIN

PARIS

FURNE, JOUVET ET Cie, ÉDITEURS

45, RUE SAINT-ANDRÉ-DES-ARTS

1872

AVERTISSEMENT

En publiant, il y a quelques mois, le récit des événements militaires de l'ARMÉE DU RHIN, j'ai cru devoir en écarter tout ce qui n'avait pas trait aux opérations de guerre, afin de ne pas distraire l'attention du lecteur de la succession et de l'enchaînement des faits concourant au même but : c'est ainsi que j'ai négligé de parler du rôle des ambulances pendant la campagne. C'était une lacune que quelques observations bienveillantes m'ont particulièrement signalée. Pour la combler, j'ai réuni les faits relatifs aux ambulances disséminés primitivement dans le cours de l'ouvrage et les ai groupés dans un chapitre spécial en

1

conservant l'ordre chronologique pour en faire un exposé aussi complet que possible.

La question des ambulances reste à l'ordre du jour; sans cesse on s'en occupe, on cherche les meilleurs moyens pour perfectionner leur matériel, pour le compléter, pour prévoir tous les besoins et y pourvoir, pour adoucir enfin la situation des blessés : c'est une œuvre difficile à laquelle chacun doit apporter son concours selon son aptitude et son expérience.

LES

AMBULANCES

Après les batailles et ce qu'elles ont d'émouvant,
d'entraînant, vient la phase douloureuse où l'on
compte les victimes, où on les recueille, où on les
soigne ; le rôle des ambulances commence, et, si
dans les camps on entend la manifestation de la joie
au jour du succès, quel que soit le résultat d'une
lutte, l'ambulance est toujours l'asile de la souffrance ; là est ouvert le grand livre où l'on inscrit le
prix d'une victoire comme celui d'une défaite ; aussi
dans le récit des batailles néglige-t-on toujours ce
côté attristant, pour ne peindre que ce qui peut
entraîner et exalter. Pourquoi, en effet, assombrir
la joie d'un succès ou augmenter la douleur d'une
défaite ? mieux vaut laisser les victimes dans le lieu
retiré où le dévouement, la charité se multiplient,

et font à l'envi des efforts pour réparer les malheurs
de la guerre; mais aussi, combien les prévisions
devraient être grandes, combien la sollicitude
devrait s'étendre sur tout ce qui peut contribuer à
amoindrir ces maux! Comme si l'on eût prévu l'ac-
croissement du nombre des blessés par le perfec-
tionnement des armes de guerre, le sentiment public
a, depuis plusieurs années, fait les plus grands efforts
pour augmenter les ressources de guérison, pour
accroître le bien-être des blessés, pour amoindrir
les maux de la guerre. Il est arrivé partout, dans la
désastreuse campagne que nous venons de faire,
à de bons résultats : à Metz, surtout, dans les conditions défavorables où nous nous trouvions placés,
au milieu d'un nombre de blessés en dehors de
toute proportion avec la population, nous avons
trouvé les soins les plus empressés, le dévouement
le plus absolu et une charité des plus ardentes.
Grâce à ces nobles sentiments, nous avons pu faire
du bien, nous avons pu pourvoir à des nécessités
sans cesse renouvelées, et peut-être diminuer le
nombre des victimes de la guerre.

Les moyens de secours dont dispose une armée
ne peuvent jamais être calculés en vue d'une situation
comme celle dont l'armée du Rhin a dû supporter

les conséquences. Dans leur ensemble, s'ils sont suffisants pour les circonstances ordinaires, ils ne le sont plus quand les armées sont éloignées de leur base d'opération et assaillies par l'imprévu ; à plus forte raison quand elles sont bloquées en dehors des prévisions, et par conséquent sans ressources suffisantes en objets de literie, de pansement ou en médicaments. Malheureusement, même au début de cette campagne, les moyens réguliers, réglementaires manquaient partout, et souvent l'ambulance elle-même n'existait pas, c'est-à-dire qu'il n'y avait ni personnel ni matériel ; il suffit pour s'en convaincre de lire les dépêches télégraphiques envoyées par presque tous les chefs de corps d'armée au moment où les troupes étaient déjà à la frontière, et ce fait ne s'est pas seulement produit dans cette guerre, nous l'avions déjà constaté dans les campagnes antérieures : à notre arrivée à Gallipoli, on scindait en trois parties le matériel d'une ambulance divisionnaire amenée d'Algérie, parce que l'on manquait de ce qu'il fallait pour chacune des trois divisions; en Italie, nous entrions en campagne presque dépourvus de ce qui était nécessaire au besoin des ambulances, leur fonctionnement en souffrit toujours, et la pénurie de nos moyens d'action fut, à un moment, si grande que l'opinion publique s'en émut et provoqua la convention de Genève. En 1870, nous avions, au début de la campagne, des ressources aussi insuffisantes, et malheureusement cette pénurie s'est fait sentir avant que nous ayons pu nous compléter. Ces situations n'échappent pas aux soldats, elles produisent sur eux un fâcheux effet, leur donnent de l'inquiétude et provoquent le mécontentement, qui devient d'une répression difficile quand il est justifié.

Ce n'est pas à dire cependant que les prévisions ne s'étaient pas étendues aux ambulances et que leur matériel faisait absolument défaut; au contraire, c'est une des choses auxquelles il a été le plus immédiatement pourvu; depuis plusieurs années on s'était attaché à étudier soigneusement tous les détails des ambulances, et on croyait avoir pris les meilleures mesures pour en assurer le fonctionnement facile; mais tout leur matériel était, comme celui des équipages, centralisé à Paris; il fallait en expédier beaucoup en peu de jours, ce qui était impossible, et celui que l'on expédiait était luimême centralisé dans des lieux où l'on ne soupçonnait pas son existence, comme cela est arrivé à Metz. Ici encore il y avait non pas manque de moyens, mais mauvaise direction, mauvaise distribution.

Cependant, les ambulances s'organisèrent à peu près complétement dans les conditions prévues par nos règlements, conditions imparfaites, ainsi que nous le verrons ; et, comme elles sont les mêmes pour toutes les ambulances divisionnaires, je me borne à donner la composition de celles du 6ᵉ corps, auquel j'étais attaché. Elles furent formées au camp de Châlons, avec un personnel recruté dans tous les points de la France et même d'Algérie ; elles étaient au nombre de six : une pour chaque division d'infanterie, une pour la division de cavalerie et celle du quartier général. Chacune d'elles avait pour personnel : un médecin-major de 1ʳᵉ ou de 2ᵉ classe, chef de service, et trois aides-majors ; celle du quartier général avait pour chef un médecin principal de 2ᵉ classe, un médecin-major de 1ʳᵉ classe et trois aides-majors ; en tout vingt-six médecins d'ambulance pour un corps d'armée de près de 40,000 hommes. Signalons de suite que l'ambulance du quartier général, qui devrait être une réserve ou qui pourrait former à l'occasion un hôpital temporaire de seconde ligne, se trouvait à peine plus riche en personnel que les ambulances divisionnaires.

Le 5 août, ces ambulances reçurent leur matériel, composé de 14 caissons de chirurgie et 4 de
pharmacie : deux caissons de chirurgie par ambulance et deux de réserve ; mais il manquait les atte-
lages, que nous ne reçûmes qu'à Metz, et tous les
infirmiers, dont le nombre fut toujours trop restreint pendant la campagne. Elles avaient, en outre,
20 mulets de cacolets ou litières, 10 voitures Masson par division, 50 brancards, 100 couvertures,
20 tentes chargées sur deux voitures du train,
ainsi qu'un ballot contenant 100 chemises et 20 cale-
çons. Telle était à peu près invariablement la composition des ambulances divisionnaires de chacun
des corps d'armée ; quelques parties étaient suffisantes, les objets de pansement, entre autres, et
les médicaments, mais le personnel était insuffisant.
Néanmoins, avec les mêmes moyens nous avions pu,
dans d'autres circonstances, faire face à tous les
besoins, et nous espérions le faire encore ; mais les
chances de la guerre ayant été moins heureuses
pour nous, l'action médicale devait s'en ressentir,
et nous devions avoir la douleur de laisser à l'ennemi, dans beaucoup de circonstances, une partie
de nos blessés. Après les journées de Reichshoffen
et de Forbach, presque toutes les ambulances restè-

rent au pouvoir de l'ennemi, la rapidité de notre
retraite n'ayant pas permis d'emmener nos blessés,
et, par des circonstances peut-être indépendantes
de la direction, mais, à coup sûr, dépendantes de
l'organisation, nous eûmes le chagrin de montrer aux
médecins de l'armée allemande l'exiguïté de nos ressources, plus grande encore en ce moment que plus
tard, parce que, au début de la campagne, aucune
des ambulances n'avait encore été, même à peu près,
réglementairement organisée. Un de mes collègues,
M. Bintot, médecin principal, me raconte ainsi le premier épisode d'une ambulance du 1.er Corps : « Après
bien des péripéties, après mille difficultés pour nous
procurer à Strasbourg une monture, une ordonnance
et des moyens de transport pour nos vivres et notre
menu bagage ; après avoir partout demandé où était
notre corps d'armée, ce que nous avions à faire
pour le rejoindre, le 5 août, au matin, le personnel
médical de l'ambulance prend la route d'Hagueneau,
où il arrive vers midi, n'ayant rencontré sur sa
route que les populations effrayées qui fuyaient en
toute hâte avec leurs bagages, nous assurant que
l'ennemi occupait Hagueneau. L'ordre est donné
de nous diriger sur Reichshoffen, et on nous offre
le chemin de fer pour nous y transporter. Nous arri-

vons à cette station à huit heures du soir (quelques
kilomètres en quelques heures). Il est impossible de
nous livrer chevaux et voiture, parce qu'il n'y a pas
de quais de débarquement, pas de port pour descendre à cette gare; il faut aller à Niederbronn,
où nous arrivons à minuit.

« Le 6, au petit jour, nous pouvons cheminer et
revenir à Reichshoffen où nous rencontrons le matériel et les infirmiers de notre ambulance. Déjà le
canon gronde du côté de Frœschwiller, où se trouve
le quartier général et où nous sentons notre présence
utile; le médecin en chef de l'ambulance s'y
transporte seul pour avoir des ordres; il revient
promptement nous dire que le médecin en chef du
corps d'armée nous attend à Frœschwiller. M. l'intendant, prévenu des nécessités qui se présentent sur
le champ de bataille, nous dit de nous transporter
là où notre présence est réclamée, mais, appelé
par d'autres soins, il oublie de donner un ordre
écrit à communiquer à chacune des parties cons-
titutives de l'ambulance, et l'officier comptable,
le capitaine du train refusent de marcher sans
ordre de l'intendant; le personnel médical se
dirige donc seul sur Frœschwiller.

« Les blessés sont déjà nombreux et il faut agir,

mais comment et avec quelles ressources ? Heureusement nous rencontrons dans l'église du village
le sous-intendant de la 2ᵉ division, qui, lui, n'a ni
personnel médical, ni infirmiers, ni comptable,
mais qui possède un caisson garni de moyens de
pansement, et c'est avec cette ressource qu'a fonc-
tionné notre ambulance improvisée qui avait un
millier de blessés.

« Notre situation fut fort critique pendant toute
cette journée ; les obus, tombant sur et dans l'église,
mutilaient ou tuaient les hommes confiés à nos
soins ; le combat soutenu à quelques pas de nous
par notre arrière-garde, l'arrivée de l'ennemi qui
tire sur nous et tue plusieurs de nos blessés ; l'in-
cendie du clocher nécessitant une évacuation préci-
pitée, le pillage de nos caisses de chirurgie, les
musiques et les hurrahs du vainqueur, tout cela
constituait la scène la plus tragique et la plus
navrante que l'on puisse imaginer. Peu s'en fallut
que nous ne fussions tous maltraités parce que nous
ne portions pas le brassard de la convention de
Genève, que personne n'avait songé à nous dis-
tribuer.

« Dans la nuit, les Prussiens donnèrent à nos
blessés du biscuit et du bouillon dont nous fûmes

forcés de prendre notre part, vu l'absence de nos vivres.

« Le 7, la Société de secours internationale, dirigée par M. de Flavigny fils, vint à notre aide avec des vivres et une partie des secours qui nous étaient si nécessaires. L'exiguïté de nos ressources nous fut plus sensible encore, le lendemain du combat, lorsque nous vîmes arriver et s'installer à côté de nous, dans un ordre parfait, un lazaret de campagne allemand, dirigé par un médecin en chef. Avec une promptitude admirable les tentes furent dressées, les lits préparés, les marmites de bouillon (extrait de Liebig) et de café placées sur le feu ; de la glace même fut extraite d'un caisson spécial. De suite on retira de nos hangars les blessés allemands qui jouirent alors d'un bien-être dont nos soldats blessés étaient privés. Sous nos yeux, des bandages plâtrés furent appliqués aux fractures de jambe, tandis que nous en étions réduits à briser des caisses à biscuit pour façonner nous-mêmes les attelles de nos imparfaits appareils... J'ai pu voir à Wœrth les nombreuses ambulances ennemies, servies par un nombreux personnel, fournies de tout ce qui peut alléger les souffrances des blessés ; j'ai pu me rendre compte de la sollicitude de l'État allemand pour ses défenseurs, en voyant l'admirable installation des trains-hôpitaux qui transportaient rapidement les blessés dans l'intérieur de leur pays... »

Une telle sollicitude, quelque grande qu'elle soit, ne peut jamais être excessive ; elle donne confiance et sécurité aux soldats et prépare bien des guérisons qu'entrave la pénurie des moyens de secours. Il ne serait pas juste, cependant, de se baser, pour apprécier le fonctionnement de nos ambulances, sur les conditions exceptionnelles que cette guerre nous a toujours faites ; mais on trouve dès le premier jour l'influence d'un des vices fondamentaux de l'organisation : la division des responsabilités. Cela seul est toujours une difficulté et peut donner lieu à des complications fâcheuses pour le bien du service, qui seraient évitées par une direction unique et une responsabilité médicale absolue.

Dans les combats livrés autour de Metz, nous eûmes encore le regret de laisser sur place plusieurs ambulances, notamment après la bataille de Saint-Privat. C'est le caractère exceptionnel de cette guerre de nous avoir presque partout forcés à la retraite. Dans ces conditions, le personnel des ambulances n'avait qu'un devoir, celui de rester avec

les blessés et de leur donner des soins jusqu'à ce
que les médecins de l'armée victorieuse les eussent
relevés. C'est ce qu'il fit partout : plusieurs de nos
médecins restèrent deux fois aux mains de l'ennemi
avec leurs ambulances après nos défaites et beaucoup se virent refuser l'autorisation de rentrer à
l'armée investie autour de Metz. Si le rôle des ambulances est facile quand les armées marchent en
avant, quand on peut, dans chaque centre, créer
des hôpitaux et faire des évacuations sur des points
éloignés du théâtre de la guerre, il devient difficile
et douloureux dans les conditions opposées. C'est
au moment d'une retraite que la situation devient
particulièrement pénible, et il faut aux médecins
beaucoup de dévouement et d'abnégation pour ne
pas abandonner leur poste dans un pareil moment.
Ils voient venir le flot ennemi avec ses éclats de
joie et l'enivrement du succès; ils assistent aux
scènes de brutalité et de violence sanguinaires dont
nos blessés ont été plusieurs fois victimes de la
part des soldats allemands; et ils ont eu la douleur
d'être impuissants contre ces excès. Rien ne leur
est épargné dans cette condition la plus critique où
une armée puisse se trouver, et ils n'ont comme
compensation que la conscience d'un devoir accompli.

La bataille de Borny nous prit à l'improviste, l'armée opérait sa retraite sur la route de Verdun et les ambulances, avec leur personnel et leur matériel étaient déjà rangées à leur place, au convoi ; il ne restait à l'arrière-garde que le 3ᵉ corps avec les médecins des régiments quand les premiers coups de feu retentirent. Autant que possible on fit rétrograder les ambulances les plus voisines du théâtre de l'action, une partie de celles du 4ᵉ corps rebroussa chemin avec les divisions, mais ce ne fut que vers la fin de la journée que des secours purent être largement organisés ; néanmoins, les médecins de régiments purent, sur la place même, faire beaucoup de pansements avec l'aide des médecins de la société de secours, dont une ambulance était venue depuis deux jours rejoindre l'armée de Metz. Autant que les moyens de transport, requis à la hâte, le permirent, le plus grand nombre des blessés fut dirigé sur Metz où, indépendamment de l'hôpital militaire, on avait disposé en hôpital la grande caserne du génie. Dans la nuit on évacua sur cet asile presque tous les blessés ; des médecins civils et militaires y organisèrent promptement le service ; ils furent aidés dans cette œuvre par une foule de personnes charitables, qui apportaient à pleines

mains : linge, bandes, charpie, médicaments et tout
ce qui pouvait être nécessaire à un service si sou-
dainement improvisé. Grâce au voisinage de la ville,
les blessés n'eurent pas un long trajet à parcourir
et ils trouvèrent un abri et un couchage meilleur
que celui qui est ordinairement offert après une
bataille.

Le lendemain le service était presque organisé,
et comme l'armée continuait son mouvement de
retraite, elle emmenait son personnel et le matériel
des ambulances. Les médecins de la société de
secours recueillirent dans les ambulances prussiennes
de Colombey, Maleroy, Lauvallière, une centaine
de nos blessés dont on n'exigeait, pour les rendre,
que la promesse de ne plus prendre les armes contre
la Prusse, durant la guerre. Tous avaient été pansés
avec le plus grand soin dans les ambulances prussiennes, comme leurs nationaux eux-mêmes; c'est du
reste une convention humanitaire de tous les temps
que, dans les ambulances, amis et ennemis soient
traités avec les mêmes soins, avec les mêmes égards;
avant les dispositions de la convention de Genève,
il n'en avait jamais été autrement, jamais je n'ai
vu déroger à ces lois rigoureuses d'humanité.

Le 16 août, les ambulances des corps campés à

Rézonville (2me et 6me) avaient bivouaqué à leur place de bataille derrière leurs divisions respectives. Au moment où s'ouvrit le feu, elles furent reportées un peu en arrière ; quelques-unes s'établirent dans le village même de Rézonville et occupèrent l'église, des hangars, la maison d'école, et, à mesure des besoins, elles envahirent les granges et même les maisons ; les habitants apportèrent de la paille, quelques paillasses et matelas ; d'autres ambulances s'éloignèrent du village, s'établirent dans des fermes et dans quelques prés ombragés voisins de cours d'eau ; les caissons furent vidés par parties et seulement à mesure des besoins, pour ne pas augmenter les embarras dans le cas où un mouvement de recul forcerait à recharger précipitamment ; une demi-heure après l'ouverture du feu, toutes les ambulances pouvaient fonctionner et elles ne tardèrent pas à être en pleine activité : les mulets des cacolets, les litières, les voitures Masson rendirent à l'armée les précieux services qu'ils ont toujours rendus, en recueillant promptement les blessés sur le terrain.

Comme dans les premières batailles, à Rézonville nous retrouvions en aussi grand nombre ces horribles mutilations produites par les éclats des

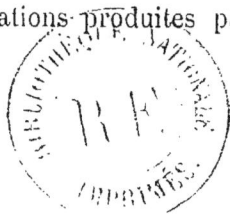

projectiles creux; dans les campagnes précédentes, les blessures par balles étaient incomparablement plus nombreuses; ici c'étaient des déchirures effroyables, des ablations complètes de membres et des fractures très-comminutives; tout cela noir, saignant à peine et présentant des lambeaux informes dans les vêtements déchirés. Nous n'avions plus affaire à la mousqueterie, mais à cette formidable artillerie qui, pendant toute la bataille, ne cesse de couvrir de ses projectiles toute notre ligne et dont les munitions ne s'épuisent jamais.

Les blessures par éclats d'obus étaient au moins des deux tiers; l'autre tiers comprenait les blessures par balles et coups de sabre ou de lance. Cependant, malgré ces grandes mutilations, beaucoup de blessés avaient encore l'énergie et la possibilité de se rendre à pied aux ambulances avec l'aide d'un camarade : j'ai vu des artilleurs avec un membre enlevé, qui venaient de faire deux kilomètres à pied, un autre avec une horrible blessure à la face qui avait fait le même trajet. Ce n'est pas à dire pour cela qu'il y ait toujours absence de douleur; au moment de la blessure, elle peut ne pas exister, mais elle se développe après les premières heures.

Il ne faut pas croire que l'ambulance soit un

lieu où retentissent les plaintes et les gémissements ; si la douleur y arrache quelquefois des cris, ils sont étouffés par la résignation, les malheureux se consolent réciproquement, c'est à qui se plaindra le moins ; on dirait qu'ils ont la coquetterie de souffrir sans se plaindre, comme on a la coquetterie d'une belle action ; aussi s'attache-t-on de tout cœur à ces patients résignés, et je comprends que, dans ce temps où les sociétés de secours font appel à tous les dévouements, chacun s'empresse d'y répondre ; les natures les plus délicates, les plus exquises ont surtout l'occasion de se produire en se chargeant de ces soins attentifs qui soulagent et de ces consolations qui relèvent le moral défaillant. Toutes ces choses pieuses n'ont jamais manqué aux victimes de la guerre, la chirurgie militaire a toujours eu pour devise : humanité, dévouement ; mais on ne saurait trop augmenter les moyens de soulager tant de nobles infortunes, et le concours de tous ne peut pas être donné à une meilleure cause.

L'action se prolongeant, les blessés s'accumulaient, et il devenait urgent de procéder à des évacuations sur Metz ; l'administration prit les mesures les plus efficaces possibles, en réquisitionnant toutes les voitures, en déchargeant celles du convoi pour

les affecter au transport des blessés; des cacolets,
des litières, des voitures Masson furent même
employés à cet usage; c'était regrettable, car ces
moyens indispensables pour les voyages du champ
de bataille aux ambulances, se trouvaient ainsi sensiblement diminués. Pendant toute la journée du 16,
pendant la nuit, on dirigea sur Metz le plus possible de nos blessés, mais il en restait beaucoup
encore dans les différentes ambulances et dans des
maisons du village où leur présence était ignorée.

Les évacuations continuèrent le 17, et l'armée
avait quitté les emplacements de la journée du 16,
qu'il y restait encore des ambulances dont, par
nécessité stratégique probablement, on ne pouvait
pas assurer la protection ; nous avons dit comment,
à la ferme de Mogador, grâce aux officiers prussiens blessés qui y avaient été recueillis, nos soldats
ont été protégés et comment il fut possible de les conduire à Metz avec les transports de la Société de
secours amenés le 17 dans la nuit. Mais il restait
encore dans le village de Gravelotte un grand nombre
de blessés soignés par les médecins des ambulances
du 2ᵉ corps, qui jugèrent de leur devoir de rester à
leur poste, au moins jusqu'au moment où les médecins de l'armée allemande viendraient prendre

possession des blessés. L'histoire des quelques journées qui suivirent est vraiment faite pour inspirer la pitié sur le sort de nos malheureux blessés et donner une infirmation aux sentiments d'humanité dont les Allemands font volontiers parade. Le 18 août, à six heures et demie du matin, me raconte M. Billet, médecin aide-major, un officier prussien vient prévenir le médecin en chef qu'il nous est impossible de rester à Gravelotte, qui va être le centre d'une action nouvelle; il nous laisse, du reste, libres de regagner les avant-postes français, en nous prévenant qu'il ne sait pas si les avant-postes allemands nous laisseront passer; il nous engage donc à ne pas faire cette tentative qui serait probablement inutile, la bataille devant être engagée avant que nous ayons le temps d'arriver. L'intendant, le médecin en chef, décident donc qu'on se rendra en arrière de l'armée prussienne et que, vu l'absence de nos moyens de transport, les blessés seront remis aux médecins prussiens.

Nous sommes conduits à Vionville avec tout notre matériel par un officier d'état-major allemand; l'ambulance traverse le champ de bataille de Gravelotte à Vionville, en évitant Rézonville où ont été exécutés des travaux de défense; notre guide

nous fait placer dans un champ en avant de Vionville, en attendant qu'il aille chercher des ordres.
En traversant le champ de bataille de Rézonville
nous avons trouvé les corps de nos malheureux soldats à l'endroit où la mort les avait frappés, et dans
les attitudes les plus diverses, expliquant jusqu'à
un certain point les émotions qui avaient assailli ces
victimes au suprême moment : l'un s'était fait un
oreiller de son sac, pour relever sa tête saignante,
un autre avait préservé sa figure des rayons du
soleil sous son mouchoir de poche, un Breton tenait
encore dans ses mains un livre de prières. Ces
corps inanimés attendaient une sépulture que nous
ne pouvions pas leur donner en ce moment, où nos
actions ne dépendaient pas de notre volonté, mais
de celle de l'autorité prussienne. Nous étions absor-
bés par les tristesses de ce lugubre spectacle,
lorsque le médecin en chef allemand, M. Lœfler,
accompagné de M. Abel, médecin du 3ᵉ corps et
d'un aide-médecin, vint nous prescrire, d'une
manière assez peu gracieuse, de diriger l'ambulance du quartier général sur Vionville et celle de
la 1ʳᵉ division sur Rézonville, dès que M. Abel
aura pris note du personnel et du matériel com-
posant nos ambulances. C'est pendant ce temps que

commençait la bataille de Saint-Privat. Nous avons
eu occasion de rencontrer les troupes allemandes
allant au combat et d'admirer notamment leurs
ambulances. Le médecin en chef et ses aides diri-
gent le convoi et sont suivis de 150 infirmiers
marchant en rang et au pas comme le reste des
troupes; derrière viennent les caissons si légers et
si commodes au nombre de cinq ou six par ambulance divisionnaire, puis quelques voitures d'approvisionnement; tout ce convoi marche dans le
plus grand ordre, chacun y tient sa place et y con-
serve toujours sa distance.

A Vionville on nous parque dans un enclos gardé
par une sentinelle armée. Le jour de notre arrivée,
nous avons, tant bien que mal, installé nos blessés
sur de la paille, les uns sous les quelques tentes
que nous possédions, les autres en plein air, car
nous ne pouvions les sortir de notre enclos pour les
porter dans les maisons qui étaient, du reste,
presque en totalité occupées par les blessés allemands de la bataille du 16 et de celle qui se livrait
en ce moment. Personne ne s'inquiéta autrement de
nous ni le jour ni le lendemain, et si nous n'avions
eu suffisamment de vivres, nos blessés en auraient
certainement été privés.

Dans la soirée, notre médecin en chef et l'intendant se rendirent à Rézonville, chez le général en chef, pour demander un sauf-conduit et des moyens de rapatriement. Ce sauf-conduit, signé par le général Steinmetz, permit à ces messieurs d'aller à Metz, d'où ils revinrent le matin avec une quarantaine de voitures de réquisition. On leur avait fait faire ce voyage les yeux bandés. Pendant ce temps les autres médecins de l'ambulance, prévenus par les médecins prussiens, étaient allés visiter les blessés français prisonniers et traités, du reste, comme les Allemands, dans l'église et autres maisons du village.

Les voitures amenées furent bientôt remplies par nos blessés, par ceux d'une ambulance prise le 17 au matin à Rézonville et par quelques blessés prisonniers. Nous étions prêts à partir, vers deux heures du soir, munis de notre sauf-conduit, quand un officier prussien, capitaine de cavalerie, commandant supérieur à Vionville et *muni du brassard*, s'élança comme un furieux sur le médecin en chef, lui adressant, en allemand, les plus grossières injures, prétendant que nous étions des traîtres, que nous voulions fuir clandestinement et qu'il allait nous faire tous prisonniers. Cette allégation d'une fuite clandestine était au moins bizarre, car il était deux heures après midi, nous avions quarante voitures, et nos préparatifs, avec le chargement des blessés, avaient duré plus de quatre heures.

Le médecin en chef montra son sauf-conduit; mais le Reitmeister lui répondit que cette pièce, signée Steinmetz, n'avait plus de valeur, ce général ayant été remplacé depuis la veille par von Gœben. Nous fûmes donc obligés de décharger nos malheureux blessés, qui souffrirent horriblement de cette double et inutile manœuvre. De plus, nos voitures furent confisquées et servirent aux évacuations des blessés allemands. Cette mesure était d'autant plus cruelle que des voitures laissées à Gravelotte pour emmener des blessés qui y étaient restés, avaient été chargées par les infirmiers et attendaient notre passage pour se joindre à nous. Au bout de cinq heures d'attente, un soldat du train vint pour savoir la cause de notre retard; mais quand il voulut repartir pour faire décharger les blessés, la sentinelle prussienne refusa de le laisser passer, et nous avons appris que l'on n'avait fait rentrer les blessés sous leurs abris que fort avant dans la soirée.

Vers neuf heures, au moment où nous nous couchions, une sentinelle prussienne armée pénétra dans

notre tente et une patrouille fit le tour de notre
campement.

Le lendemain, 21 août, les médecins prussiens
prirent ceux de nos blessés qui étaient le moins
grièvement atteints, au nombre de 150 et les firent
conduire sous escorte à Gorze, dans leurs ambulances de deuxième ligne. Le médecin en chef et
l'intendant obtinrent de nouveau un sauf-conduit
pour rentrer à Metz, d'où ils nous envoyèrent le
lendemain de nouvelles voitures.

A midi, un officier d'état-major vient nous an-
noncer qu'il doit nous conduire à Metz avec le reste
de nos blessés. Il rédige et signe avec les trois chefs
de service de l'ambulance une convention aux ter-
mes de laquelle il restitue à l'armée sous Metz un
nombre de blessés, sous condition qu'un nombre
égal de blessés allemands seront rendus aux avant-
postes prussiens. Il était également convenu que les
voitures de réquisition resteraient à Metz. Le reitmeister nous prévient en outre qu'il retiendra tous
les vivres qui sont en notre possession et qui ne
doivent pas rentrer dans une ville qu'on veut
prendre par la famine. Nous quittons Vionville à
quatre heures et demie du soir avec 211 blessés et
accompagnés d'un officier, d'un porte-fanion et d'un

trompette. Le convoi conduit par l'officier, suit la
grand' route jusqu'à Gravelotte, mais là il est arrêté
par un général qui donne l'ordre de prendre le
chemin de Metz par Ars ; nous suivons cette nouvelle route, étroite, difficile, à travers bois, au grand
détriment de nos blessés que les cahots font beaucoup souffrir. Pendant ce voyage nous traversons
plusieurs camps prussiens dans lesquels nous remar-
quons bon nombre de nos tentes prises à Forbach.

A sept heures du soir nous arrivons à Ars ;
l'officier qui nous conduit nous fait arrêter pour se
rendre auprès du prince Frédérick-Charles, mais
trouvant que nous pourrions gêner la circulation
des troupes allemandes sur cette voie très-étroite,
il fait ranger les voitures dans un champ bordant la
route, sans avoir égard aux souffrances que vont
endurer les blessés en traversant le fossé et che-
minant sur le terrain inégal d'un champ labouré. Le
mouvement s'opère néanmoins ; au bout d'une
heure l'officier revient à nous et s'adressant aux
chefs de service les prévient qu'ils doivent modifier
la convention signée au départ en indiquant que les
voitures d'évacuation serviront à renvoyer les blessés
allemands et resteront à l'armée assiégeante. Pro-
testation du médecin, mais en vain, car on nous

signifie qu'il faut adhérer ou rester là. La position
était difficile ; il fallut en passer par les exigences
prussiennes et renoncer aux voitures. On allégua
que cette mesure n'avait pour but que l'intérêt des
blessés, allemands bien entendu, en empêchant leur
transbordement aux avant-postes. Nous repartons
d'Ars à neuf heures du soir ; après quelques instants
de voyage par les ténèbres les plus épaisses, nous
trouvons la route encombrée, obstruée par des arbres
renversés ; nous sommes obligés de voyager encore
à travers champs et pour y arriver de descendre un
talus rapide. Je laisse à penser l'extrême difficulté
de cette opération et les souffrances qu'elle dut faire
endurer à nos malheureux blessés dont les cris de
douleur, dans le silence de la nuit, inspiraient un
sentiment indéfinissable de tristesse et d'émotion.
Tant bien que mal et plutôt mal que bien, le convoi
approchait des avant-postes français ; l'officier allemand prétendit n'avoir pas qualité pour s'avancer
davantage ; il fit sonner par son trompette l'approche
d'un parlementaire, mais ne recevant pas de ré-
ponse, il nous laissa et partit.

Notre situation n'était pas très-rassurante : la
nuit, en un endroit inconnu et sans possibilité de se
faire reconnaître à distance. C'est alors que M. Baron,

notre aumônier, se proposa au médecin en chef
pour aller aux avant-postes prévenir de notre arrivée.
C'était un véritable acte de dévouement qui aurait
pu devenir fatal à son auteur, mais heureusement,
après des dangers courus, après des difficultés pour
faire accepter la constatation de son identité, il put
persuader qu'il était un messager dévoué, et nos
blessés lui durent de rentrer sans encombre dans les
lignes françaises.

Nous n'étions cependant pas encore à bout de
peines, il fallait remonter du champ sur la route
lorsqu'elle redeviendrait praticable ; le talus fort
rapide ne put être gravi, il fallut à l'aide de pioches
l'abattre en partie, et ce n'est encore qu'en excitant
vigoureusement les chevaux et en imprimant aux
voitures les secousses les plus violentes que l'on
parvint à gagner le grand chemin. Cette ascension
ne se fit pas sans renouveler toutes les souffrances
des blessés, sans aggraver la position déjà si dan-
gereuse d'un grand nombre d'entre eux dont les
membres étaient fracturés ou amputés, car nous
n'avions que des blessés très-gravement atteints,
les Prussiens ayant eu la cruelle précaution de garder prisonniers ceux dont la guérison pouvait être
prompte. Enfin à trois heures du matin les mal-

heureux étaient à Metz, déposés dans l'ambulance de
l'esplanade.

Les péripéties par lesquelles est passée cette
ambulance sont particulièrement dramatiques, grâce
à cette horrible rigueur que les Allemands apportaient en toutes choses et que nous avons voulu constater par le récit de cet épisode souvent renouvelé ;
mais nous retrouverons presque partout en campagne
les mêmes incidents douloureux, les mêmes voyages
à travers chemins défoncés, dans des chariots gros-
siers aiguisant par leurs secousses toutes les douleurs. C'est le côté horrible, mais inévitable de la
guerre, dont il faudrait par tous les efforts possibles
atténuer les fâcheux effets.

Pour la bataille de Saint-Privat, les ambulances
divisionnaires avaient pris leurs emplacements dans
les villages au commencement de l'action ; mais
presque toutes se sont trouvées, par le fait de
l'extension du champ de bataille, sous le feu des
projectiles ennemis ; dans la vallée de Chatel-Saint-
Germain, même, arrivèrent des obus quoique les
ambulances se fussent portées à une distance
qu'elles supposaient assez éloignée pour être à
l'abri ; moi-même je dus changer trois fois d'emplacement avec une ambulance du 6me corps et

finalement la conduire à Saulny, à quatre kilomètres, avant de revenir à Saint-Privat où j'avais
laissé deux ambulances. Celles-ci étaient encom-
brées de blessés, et quand le mouvement général de
l'ennemi se porta sur notre extrême droite, ces
ambulances furent exposées aux plus grands dangers : l'une fut incendiée par les obus prussiens;
l'autre, établie dans l'église, fut menacée par
l'effondrement d'une partie du toit. Enfin, quand
la retraite fut rendue nécessaire, les ambulances
virent s'éloigner notre dernière ligne, et elles restèrent aux mains de l'ennemi avec tout le personnel
réglementaire, augmenté d'un certain nombre de
médecins de régiment, et tout le matériel. Nous
espérions que ces ambulances nous seraient rendues
de suite, conformément aux prescriptions de la
convention de Genève, mais il n'en fut rien. Nos
médecins restèrent dix-huit jours à Saint-Privat avec
leurs blessés, et quand ceux-ci furent conduits
dans les établissements prussiens de deuxième
ligne, les médecins furent autorisés à rentrer chez
eux, mais il leur fut interdit de passer les lignes
prussiennes pour rejoindre leur poste ; quelques
jours après la bataille, des médecins de la Société
de Secours ayant voulu se rendre à Gravelotte pour

y chercher des blessés furent éconduits aux premières lignes prussiennes et menacés d'être retenus
prisonniers s'ils renouvelaient leur tentative. Nous
avions toujours pensé que la convention internationale valait aux médecins la neutralité et les
autorisait à chercher partout les blessés ; mais
dans les circonstances où nous nous trouvions, par
rapport à l'armée qui nous bloquait, nous compre-
nions qu'il était de l'intérêt de l'ennemi de ne nous
permettre aucune communication avec lui. Si,
conformément à la convention internationale, il est
possible d'obtenir les échanges de blessés sur un
champ *de bataille, cette clause devient d'une
réalisation plus difficile quand il s'agit d'un blocus,
c'est pour cela que nos médecins, laissés à Saint-
Privat, ont été rapatriés par la Belgique dix-huit
ou vingt jours après la bataille, quand ceux qui se
trouvaient à Vionville, après la bataille du 16, ont
été rendus avec les blessés de suite et avant le
commencement du blocus.

Dans ces deux journées, les ambulances avaient
reçu plus de 15,000 blessés (chiffre officiel). On
conçoit aisément combien il est difficile de réunir
assez de moyens d'action en personnel surtout pour
porter des secours partout où ils sont réclamés ;

les jours et les nuits sont employés, mais il est des bornes à la force physique, et les chirurgiens, obligés d'être toujours à genoux, courbés, pour examiner les blessés couchés sur le sol ne pourraient résister longtemps aux exigences d'un service aussi pénible que celui des ambulances aux jours de bataille, et cependant il leur faut une attention soutenue pour apprécier sainement ce qu'il est opportun de faire et la possibilité de pratiquer les opérations quelquefois délicates auxquelles ils sont conduits ; aussi l'habitude est-elle nécessaire, surtout aux armées, autant pour juger vite que pour exécuter dans des conditions toujours défectueuses d'installation et de commodité.

Le premier, le plus impérieux besoin d'un blessé c'est de boire ; tous, en arrivant à l'ambulance, demandent à boire, et partout autour de soi on n'entend que ces mots : « à boire ! à boire ! » Ce besoin est éprouvé autant par l'excitation du combat, par la fatigue et l'émotion, que par la blessure et la perte de sang qu'elle occasionne ; aussi pour cette raison autant que par la nécessité d'avoir de l'eau en abondance pour laver les blessures, place-t-on les ambulances dans le voisinage des puits, des sources, des pompes ou mieux des cours d'eau,

et toujours on prépare en grande quantité de l'eau
vineuse, de l'eau alcoolisée ou des tisanes fraîches
de réglisse; mais des boissons chaudes et surtout
des bouillons seraient bien préférables. J'ai toujours
désiré pouvoir donner aux blessés, amenés aux
ambulances, des cordiaux, des réconfortants, comme
du vin chaud, du bouillon chaud. En faisant la part
des difficultés qu'il y aurait à préparer ainsi des
boissons réconfortantes en assez grande quantité,
quand les blessés affluent, on peut cependant désirer
une amélioration à cet égard dans le régime des
ambulances, surtout aujourd'hui que l'industrie a
perfectionné les conserves pour préparer instantané-
ment des boissons bienfaisantes comme du bouillon.
Les extraits de viande de Liebig, les tapioca Spont,
et autres préparations utiles devraient faire partie
de l'approvisionnement des ambulances.

Les moyens de transport pour les blessés du
champ de bataille aux ambulances sont : les cacolets, siéges adaptés au bât d'un mulet; les litières,
également portées par un mulet, et les voitures
Masson. Depuis de longues années, en Afrique
surtout, nous avons fait l'expérience de l'excellence
de ces moyens; les cacolets et les litières sont, il
est vrai, soumis à des secousses produites par le

mulet, et souvent les douleurs du patient sont
accrues par ces mouvements brusques; mais il est
difficile de trouver un moyen plus commode et
qui dépense un personnel aussi restreint. Un seul
soldat du train des équipages conduit deux mulets
de cacolets ou de litières, c'est donc un seul homme
pour quatre blessés; la voiture Masson est conduite
par un seul homme et porte deux blessés; c'est le
moyen le plus commode, le plus parfait, et il faudrait
l'augmenter dans de très-larges proportions. Dans
les conditions actuelles, avec le nombre minime de
ces voitures dont disposent les ambulances, nous
les réservons aux grands blessés et aux officiers;
mais il faudrait ne devoir pas faire de catégorie et
employer pour tous les moyens les plus parfaits.

Malgré la perfection relative des voitures Masson,
elles ont un inconvénient que nous avons tous si-
gnalé, mais auquel il serait probablement facile de
remédier; ces voitures n'ont que deux roues et su-
bissent toutes les secousses que le cheval leur
imprime dans ses mouvements; s'il s'abat, les
blessés sont heurtés, déplacés et il peut en résulter,
outre une aggravation de douleur, un dérangement
dans les fragments osseux, s'il s'agit d'une fracture
et quelquefois une lésion nouvelle produite par les

esquilles. Les voitures à quatre roues donneraient plus de sécurité aux blessés; mais elles sont moins mobiles et moins maniables dans les terrains accidentés, aussi pourrait-on conserver les voitures à deux roues qui existent pour transporter les blessés de la ligne de bataille à la première ambulance et avoir à la réserve des voitures à quatre roues sur le modèle des voitures Masson, pour les évacuations sur les hôpitaux temporaires.

Nos moyens de transport ont été insuffisants pendant toute la durée de la campagne; les mulets de cacolets affectés aux ambulances divisionnaires étaient de 15, ceux de litières 5 et les voitures Masson de 6 à 10 seulement. Cette insuffisance se faisait également sentir dans les réserves, aussi a-t-on toujours été obligé de recourir aux voitures réquisitionnées sur place, ou aux voitures du convoi, véhicules du pays grossièrement faits, non suspendus, au fond desquels on étalait un lit de paille pour y coucher le plus possible de blessés; dans cette situation, les malheureux mutilés avaient horriblement à souffrir de la mauvaise position et des cahots incessants. Dans ce temps où tout est perfectionné, où tout ce qui a trait au bien-être a été poussé à sa dernière limite, nous n'avons encore, pour les victimes de la guerre, que les moyens élémentaires dont on usait autrefois et dont les puissances étrangères ont cessé depuis longtemps de se servir ; aussi appelons-nous de tous nos vœux la création d'un train spécial des ambulances composé de voitures où les blessés trouveront commodité et sécurité.

J'ai entendu parler au commencement de la campagne de voitures d'ambulance ; espèces d'omnibus incommodes où les blessés pouvaient être assis au nombre de 12, ou 3 seulement couchés ; mais ces voitures étaient fort peu nombreuses, le corps d'armée auquel j'appartenais n'en a jamais reçu et je crois que ces voitures n'ont pas servi à l'usage auquel elles étaient destinées.

Quoi qu'il en soit des inconvénients qu'ils offrent, les cacolets, les litières sont des moyens de transport qui permettent d'agir activement et même sûrement avec quelques précautions. Dans toutes les batailles des campagnes précédentes, où nous n'avions pas un aussi grand nombre de blessés que dans celle-ci, nous avons toujours pu agir vite, et quand nous avons eu à côté de nous une armée amie, comme en Crimée, nous avons constaté avec plaisir la supériorité de nos moyens. Après la bataille de l'Alma, nos blessés ont été relevés dans la nuit même, le deuxième jour après la bataille, les Anglais n'avaient pas encore relevé les leurs et ils eurent recours à nos moyens pour terminer promptement cette importante besogne. Les Anglais n'avaient, à ce moment, pour outillage d'ambulance destiné au transport des blessés, que des brancards portés par les musiciens dont l'inexpérience, en pareille circonstance, ne permettait qu'une action lente et imparfaite ; aussi l'administration anglaise, frappée de la commodité de nos cacolets et litières, fit-elle établir de suite en Espagne des moyens de transport pareils, qui ne tardèrent pas à arriver à l'armée avec des conducteurs Espagnols. Néanmoins les voitures Masson restent toujours, pour le moment, le moyen de transport le meilleur.

On a fait dans les combats autour de Paris, l'expérience des brancards, et on a constaté les services qu'ont rendus comme brancardiers les frères de la Doctrine chrétienne. Cette expérience a été jugée favorable, il ne peut, en effet, y avoir de moyen plus facile, plus commode que celui du brancard pour transporter les blessés du champ de bataille aux ambulances; mais pour en user il faut des brancardiers. A l'armée du Rhin nous avions un certain nombre de brancards par division d'ambulance, mais personne pour les porter et je ne sache pas que nos brancards aient servi autrement que pour coucher les blessés à l'ambulance ou pour faire porter exceptionnellement quelques officiers par des soldats détachés des compagnies ; nous avions fort peu d'infirmiers, quelques ambulances en avaient une dizaine, les plus favorisées en avaient le double, quand, pour le service intérieur d'une ambulance, 50 ne serait pas un nombre exagéré ; nous employions, pour suppléer à cette insuffisance, les musiciens, mais ceux-ci, par défaut d'habitude, par répugnance, rendaient de très-mauvais services, et les médecins étaient obligés de tout faire par eux-mêmes et de perdre ainsi beaucoup de temps dans des détails qui auraient pu incomber à des personnes étrangères à la médecine. Des compagnies nombreuses d'infirmiers, de brancardiers familiarisés avec toutes les exigences délicates du service des ambulances sur le champ de bataille rendraient à l'armée les plus grands services et nous avons tous déploré le manque de ces moyens d'action si indispensables. Nous avions cependant l'expérience des faits passés, et l'on peut même dire qu'avant toute autre, l'armée française avait été

admirablement pourvue de tous les moyens de secours aux blessés; mais par des innovations suc-
cessives, par de prétendus perfectionnements, nous
avons abandonné nos bonnes traditions que les na-
tions voisines, même la Prusse, nous ont prises et
dont elles se servent aujourd'hui avec avantage,
car le système des ambulances prussiennes est une
extension de celui qui était en pratique dans l'armée
française durant les dernières années du premier
empire. Les brancardiers mêmes dont on parle
comme d'une invention moderne, remontent à Percy
qui a fait connaître tous les services qu'on pouvait
en attendre et insisté sur l'aptitude nécessaire pour
ces fonctions : « On a besoin, dit-il, d'une certaine
habitude pour remuer un blessé, pour le charger
sur un brancard et pour le transporter. C'est moins
par la force que par l'adresse qu'on y réussit et
celle-ci ne s'acquiert que par l'exercice. Des porteurs de brancards, marchant à pas inégaux, se-
couent douloureusement le blessé; l'usage seul
donne cet ensemble et cette mollesse de mouvement
sans lesquels le transport devient un supplice; qu'on
se figure un blessé étendu par terre, ayant une
cuisse brisée, ou une jambe emportée, et c'est dans
ces cas surtout, que des porteurs adroits sont né-

cessaires; s'il est relevé par des hommes sans expérience qui ne sauront pas soutenir en même temps le membre; si ces hommes le jettent brusquement sur le brancard, au lieu de l'y déposer avec douceur; si chacun confusément veut concourir à ce triste service, quelles secousses, quels déchirements l'infortuné n'éprouve-t-il pas?

« On ne saurait trop le répéter, le premier secours et la première consolation que doit recevoir un blessé, c'est d'être enlevé promptement et commodément, ce qui ne pourra s'effectuer qu'autant qu'il y aura derrière lui de bons brancards pour le recevoir et des hommes exercés pour le porter.[1] »

Ce sont donc des hommes intelligents, habitués à ce service, qu'il faut employer, et non les musiciens ou des infirmiers auxiliaires pris dans les régiments; on ne peut attendre de ceux-ci que de mauvais services, et comme ils comptent à l'effectif des ambulances, celles-ci ont l'air d'être organisées en personnel quand elles ne le sont pas.

La nécessité d'avoir un service d'ambulance organisé de telle sorte que les blessés soient promptement enlevés du champ de bataille n'est pas seu-

---

[1]. Cette organisation des brancardiers était adoptée par un décret impérial de décembre 1813.

lement établie par l'impérieux devoir de donner au
plus vite une consolation aux malheureux, elle est
surtout établie par une raison de conservation, une
raison de salut souvent. Bien des blessés succom-
bent parce qu'on n'a pas pu les soigner au moment
opportun : une opération commandée, qui aurait été
simple peu de temps après la blessure, devient d'une
gravité compromettante pour la vie le lendemain et
surtout le surlendemain ; aussi quand par le fait des
défectuosités dans les moyens d'action ou par leur
petit nombre on est forcé d'agir lentement, quand
l'enlèvement des blessés ne peut pas être opéré dans
la journée même, on est exposé à voir se multiplier
les chances défavorables dans les opérations. L'expérience nous apprend que les opérations immédiates
sont les plus favorables ; celles qui sont pratiquées
quelques jours après la blessure, quand la fièvre est
allumée et le travail de suppuration commencé, sont
rarement suivies de succès ; on est conduit alors à
attendre que l'inflammation soit éteinte, que les forces
du blessé soient épuisées ; mais durant cette longue
période sa vie est sans cesse menacée, et s'il suc-
combe, on est presque en droit de mettre une vic-
time de plus sur le compte de l'insuffisance de
l'organisation des secours. La raison humanitaire

commanderait donc même l'excès dans les moyens de recueillir et de secourir vite les blessés.

Dans les guerres du premier empire, il existait des ambulances *volantes* créées par Larrey. Ces ambulances comprenaient quelques voitures légères sur lesquelles les chirurgiens prenaient place et se portaient rapidement derrière les lignes de bataille ; là, étaient faits les premiers pansements toujours imparfaits, mais utiles cependant quelquefois pour arrêter une hémorragie qui aurait pu devenir mortelle, pour redresser un membre brisé et le maintenir au moyen d'attelles, afin d'éviter le déplacement des fragments pendant le trajet ; mais l'action du chirurgien en dehors de ces cas qui exigeaient son intervention immédiate, était surtout morale. Aujourd'hui ces ambulances légères n'existent plus, les médecins des régiments restent avec leur troupe au combat, s'abritent autant que possible dans une maison isolée, derrière un pli de terrain, toujours à portée du régiment et dans un endroit désigné ; mais la mission du médecin de régiment ne peut pas être aussi complète qu'il le faudrait, il est seul avec son porte-sac et à eux deux ils ne peuvent pas relever les blessés ; ce sont les soldats qui remplissent cette besogne et souvent, pour ne pas

dire toujours, ils profitent de cette occasion pour
quitter leur poste. La position du médecin de régiment derrière son bataillon n'est pas sans danger
et il faudrait au moins, pour justifier sa présence,
qu'il pût y rendre de véritables services, ce qui
n'arrive que rarement; son action est surtout morale,
car un blessé est déjà rassuré quand on lui applique
un premier pansement ; mais pour ce but, les
médecins de régiment n'ont pas besoin d'être tous
sur la ligne de bataille, la moitié pourrait y rester,
les autres constitueraient par brigade une première
petite ambulance assez éloignée du champ de bataille
pour être en sécurité et sur laquelle seraient dirigés,
portés sur un brancard, les hommes qui auraient
besoin de soins immédiats. Dans les cas de fracture,
c'est là que seraient appliqués les premiers moyens
contentifs avant d'envoyer le blessé à l'ambulance
divisionnaire.

A l'armée du Rhin, les ambulances divisionnaires
étaient organisées par division d'infanterie et de
cavalerie. Quoique insuffisamment pourvues de personnel, elles ont pu faire le nécessaire, et ce n'est
pas cette partie du service qui a laissé à désirer,
mais à l'égard de ces ambulances il est, avant tout,
une remarque à faire : la place d'une ambulance

divisionnaire devrait être toujours dans le voisinage
de sa division ; mais il ne lui est pas possible de
garder cette position ; par le fait du déplacement
des troupes durant la bataille, les divisions changent,
et les ambulances avec leur matériel restent forcé-
ment dans le lieu où elles se sont primitivement
établies et sont quelquefois fort éloignées de leurs
divisions ; elles perdent alors leur destination et ne
sont plus qu'une unité qui fonctionne pour tous.
Aussi avons-nous souvent pensé que, comme cela se
pratiquait sous le premier empire, il serait préfé-
rable qu'il y eût, par corps d'armée, une seule ambulance, fortement constituée, au quartier général,
avec un personnel suffisant pour que le médecin en
chef pût envoyer, partout où besoin est, un des
groupes constitués d'avance en personnel et matériel
qui serait même renforcé, selon les besoins, avec
le personnel resté dans la main du chef. Le quartier
général du corps d'armée serait toujours le centre de
ralliement, et on éviterait des erreurs comme celles
où sont tombées quelques ambulances en cherchant
leurs divisions après la bataille de Rézonville.

Nos caissons d'ambulance ont toujours été abon-
damment pourvus pendant les batailles. Chaque
caisson contient 2,000 pansements complets outre

les instruments de chirurgie et tous les ustensiles nécessaires ; mais ces richesses sont entassées dans des paniers incommodes à manier ; ceux-ci se casent l'un à côté de l'autre, et il faut une grande précision pour arranger le chargement ; dans un moment de presse, comme cela est arrivé, on éprouve de grandes difficultés à remettre chaque chose à sa place, et l'expérience a suffisamment démontré qu'il est urgent de modifier la disposition des caissons pour les rendre d'un usage plus facile. On a voulu, pour la régularité des voitures des équipages, les faire toutes sur le même modèle, quelle que soit leur destination ; il aurait, ce nous semble, mieux valu approprier celles des ambulances à l'usage particulier auquel elles sont affectées ; les faire légères et agencées, de façon à rendre leur chargement et leur déchargement faciles.

Presque toutes les ambulances divisionnaires avaient deux caissons de chirurgie et un de pharmacie ; en tout quatre mille pansements, et des médicaments plus que suffisants pour une campagne, avec la faculté de renouveler les approvisionnements dans les caissons laissés en réserve à l'ambulance du quartier général. Celle-ci avait, à cet effet, trois et quatre caissons d'ambulance. Nous avions en outre es cantines médicales portées à dos de cheval ou de mulet et destinées surtout aux régiments. Elles renferment deux cents pansements et les médicaments de première nécessité; ces cantines forment la réserve du régiment. Au moment de l'action, le médecin est accompagné d'un soldat porteur d'un sac dans lequel se trouve tout ce qui est nécessaire pour une trentaine de pansements et rien de plus, aussi, quelles que soient l'activité et la volonté du médecin de régiment, il est souvent paralysé dans son action parce qu'il ne peut pas faire enlever les hommes du champ de bataille sans avoir recours aux combattants eux-mêmes ; c'est près de lui que devraient se trouver les brancardiers et toujours en nombre suffisant pour tous les besoins : chaque compagnie pourrait, en effet, avoir ses brancardiers spécialement chargés de ce service pendant le combat; ils ne dépasseraient pas la dernière ligne des combattants où les brancardiers infirmiers prendraient le blessé pour le conduire aux ambulances dont l'emplacement leur serait connu. Cette organisation ferait cesser la perte énorme de combattants qui se produit dans chaque affaire, en enlevant aux militaires l'occasion d'accompagner à l'ambulance un camarade blessé. Notre armée est la seule

dans laquelle subsiste encore cette cause de désertion
facile du devoir déguisée sous les apparences d'un
service rendu, et nous en avons tous trop constaté
les abus pour qu'il ne soit pas apporté un empêche-
ment absolu au retour, de pareilles fautes.

Pour augmenter les réserves en objets de pansements, les armées du Nord ont adopté une très-
bonne mesure, elle consiste à donner à chaque
homme une compresse, une bande et de la charpie,
ce qui est nécessaire pour un premier pansement
simple. En Crimée, chaque soldat russe, amené dans
nos ambulances, avait ces petits objets de pansement ; les Prussiens en étaient également porteurs.

Dans nos hôpitaux ou ambulances organisés,
quand une évacuation de malades ou blessés est nécessaire, le règlement prescrit de dresser des listes
d'évacuation relatant, outre le nom de chaque
homme et sa provenance, le traitement qui a été
suivi et les résultats obtenus ; par extension de cette
sage mesure, il serait utile de faire adopter, dans
chaque ambulance en campagne, la règle de remettre à chaque blessé déjà examiné le résultat de
l'examen inscrit sur une fiche individuelle et relatant, autant que possible, les détails et la gravité
de la blessure, l'extraction de balle ou d'es-

quilles, etc., cette précaution devant avoir pour
résultat d'éviter un nouvel examen dans le lieu où
serait ultérieurement évacué le blessé. Au point de
vue scientifique, cette mesure aurait l'avantage de
pouvoir établir l'historique de chaque blessure et
pourrait même servir très-avantageusement les
intérêts du blessé en renseignant sur l'ensemble des
faits qui se sont produits depuis l'accident.

Nous avons dit déjà que la société internationale
de secours aux blessés a rendu de bons services à
l'armée, pendant la campagne, en recueillant les
blessés, laissés après notre départ sur le champ de
bataille de Borny et dans les ambulances allemandes; en nous aidant de ses moyens de transport
après Rézonville ainsi que dans d'autres circonstances et même pendant le blocus de Metz, où
M. le docteur Le Fort dirigeait une ambulance avec
l'aide de médecins distingués. Bon nombre de médecins volontaires, en dehors de l'association internationale, sont venus aussi porter à l'armée leur
concours et leur talent; mais, tout en reconnaissant
le but honorable que poursuivaient nos confrères et
les louables efforts qu'ils faisaient pour l'atteindre,
qu'il nous soit permis de faire quelques réflexions,
non sur l'institution de la société de secours aux

blessés dont le but est tout ce qu'il y a de plus
noble, de plus élevé, de plus humain, mais sur le
fonctionnement de ses ambulances, sur les difficultés qu'elles peuvent rencontrer et sur les inconvénients auxquels elles peuvent donner lieu.

Dans une armée organisée, il ne peut y avoir
de place pour une institution qui fonctionne en
dehors du commandement ; tout le monde doit être
soumis à une règle, à une autorité, les membres
d'une société de bienfaisance comme les autres,
car tout ce qui échappe à l'autorité est un embarras
et peut devenir un danger. La présence dans une
armée de toute personne qui n'y a pas un caractère officiel peut faire craindre un abus et, sous
le couvert des insignes de la société de secours, il
a dû se produire, à l'armée du Rhin, bien des
actes qui ont pu lui être préjudiciables : le brassard était porté par qui voulait le prendre ; aucun
contrôle n'était exercé, puisqu'il n'y avait aucune
autorité responsable, et qui sait s'il n'a pas servi
souvent à favoriser l'espionnage que les Allemands
savent si bien mettre en œuvre ? Cette considération
a une très-grande importance qu'on ne peut con-
tester, et je sais que les médecins de la société de
secours, eux-mêmes, déploraient cet abus du bras-

sard. Les médecins militaires qui n'étaient pas habitués à cet insigne de protection, ne l'acceptaient qu'avec répugnance et s'en paraient peu; mais des femmes, des enfants, des personnes qui n'auraient été tolérées dans nos camps en aucun temps, s'y promenaient, ornés de brassards et y excitaient plutôt la sympathie que la défiance. Cet abus fut poussé si loin, qu'il motiva des ordres pour que tous les brassards fussent estampillés par l'intendance; mais alors on tomba dans un autre abus : les soldats du train, les convoyeurs, les ordonnances portèrent des brassards et plusieurs fois, dans des échanges de prisonniers blessés, les Prussiens nous signifièrent qu'ils cesseraient d'accorder immunité aux porteurs de brassards si on en continuait un pareil abus. Il est vrai que nous aurions pu leur adresser le même reproche, car ils n'étaient pas très-scrupuleux à cet égard et avec connaissance de cause, tandis que nous péchions plutôt par ignorance des conditions de la convention de Genève. En effet, peu de personnes dans l'armée savaient à qui s'adressaient les immunités accordées par la convention de Genève, encore moins comment elle était interprétée par l'armée allemande; celle-ci étend la protection

à un nombre si considérable de personnes que
l'on a peine à croire qu'il ne soit pas exagéré. Par
corps d'armée de deux divisions, d'après les indications du règlement prussien sur le service en
campagne (29 août 1869), il n'y a pas moins de
deux mille quatre cents personnes *militaires*[1] qui
doivent porter le brassard institué par la convention
de Genève, et dans ce chiffre ne sont pas compris les
volontaires civils qui forment le personnel des sociétés
de secours aux blessés et qui portent aussi le brassard.
Nous étions bien loin d'atteindre ce chiffre, et nous
nous montrions scrupuleux à l'endroit de l'exagéra-

---

[1]. Voici le détail des 2,400 personnes *militaires* neutralisées.

1°	Le personnel médical dirigeant, c'est-à-dire le méde-cin général, les deux médecins divisionnaires, le directeur des lazarets de campagne et le personnel attaché à leur service particulier...............	17
2°	Les trois détachements sanitaires (brancardiers, etc.) composés chacun de 206 individus (1 à chaque divi-sion, 1 à l'artillerie de réserve)....	618
3°	Les 12 lazarets (ambulances) attachés à chaque corps d'armée et comptant chacun 56 individus........	672
4°	Le personnel de réserve......................	107
5°	Le personnel employé au dépôt de réserve du matériel.................................	10
6°	Les médecins des troupes....................	90
7°	Leurs soldats ordonnances...................	90

A reporter. 1,604

tion qui pouvait se produire ; mais, quel que soit le
chiffre des ayants droit, il n'y avait pas moins des
abus, et ces abus étaient plus grands encore, pour
ce qui regarde la protection accordée aux maisons
où sont reçus les blessés ; le drapeau blanc à croix
rouge a souvent été exploité par les propriétaires
plutôt à leur seul profit qu'à celui des blessés, parce
que personne ne surveillait l'exécution des clauses
de la convention : celle-ci exige, pour accorder sa
protection, au moins vingt lits et une installation
hygiénique et médicale, soumise d'abord à l'examen d'une commission, et jamais nous n'avons eu
recours à ces précautions. A Metz, il est vrai, ce
n'était pas nécessaire ; chaque famille a largement

Report........	1,604
8° Leurs porte-sacs de pansement.................	90
9° Les aides de lazaret (infirmiers panseurs) attachés aux corps de troupe, à raison de 1 par compagnie, escadron ou batterie........................	140
10° Les brancardiers auxiliaires des corps de troupe, 4 par compagnie...........................	500
11° Les conducteurs des voitures sanitaires régimentaires (chaque bataillon possède un caisson sanitaire attelé de deux chevaux).	60
12° Enfin dans chaque corps d'armée on compte au moins un chirurgien consultant auquel est adjoint un personnel de service et 5 individus..........	6
	2,400

contribué au soulagement des victimes de la guerre ;
un dévouement réel et effectif est venu aplanir
bien des difficultés et on y voyait peu le drapeau
de la société ; tandis que dans beaucoup de localités
où la guerre a été portée et où l'on a eu à craindre
l'arrivée de l'ennemi, le drapeau se déployait aux
fenêtres de presque toutes les maisons, sur la seule
déclaration qu'on y avait préparé deux ou trois
lits pour les blessés.

Mais ce côté de la question ne serait pas le seul
à examiner ; il faudrait encore, au point de vue du
but proposé s'assurer que tous les services que l'on
était en droit d'attendre d'hommes instruits, dévoués
ont pu être rendus, et si la somme de secours
apportée a été en rapport avec les moyens. Je ne
le crois pas, par cette seule raison que les ambulances de la société de secours manquaient de
direction, et que, n'ayant pas leur place marquée à
l'armée, elles ne pouvaient pas la suivre dans ses
mouvements et se trouver en position utile les jours
de bataille. Il n'en serait pas ainsi si ces ambulances, et les médecins volontaires qui viennent de
leur personne, sans attache directe aux sociétés de
secours, relevaient du commandement, sous la
direction générale du médecin en chef de l'armée ;

elles auraient alors leur rôle tracé, leur place indiquée, et seraient d'une incontestable utilité ; faute de ces dispositions indispensables, beaucoup d'efforts ont certainement été stérilisés, et partout j'ai entendu des hommes consciencieux, animés de la meilleure volonté, exprimer leurs regrets d'un état de choses qui était si loin de leurs aspirations.

Sans entrer dans de grands développements à ce sujet, nous pouvons cependant dire que, dans notre appréciation, il sera toujours nécessaire de laisser à la médecine militaire, réorganisée sur des bases convenables, le principal rôle dans le service sanitaire de l'armée aux jours de combats, et que l'on pourra confier les hôpitaux de deuxième ligne aux soins de médecins de la société de secours. Il n'est pas indifférent, en effet, pour le bien du service, de n'être ou de n'être pas habitué au contact du soldat, d'être familiarisé comme lui avec les habitudes d'ordre, de discipline et de subordination, d'avoir vécu de sa vie et d'en être connu ; ce qui est facile pour le médecin militaire deviendrait difficile pour un médecin civil, appelé, par circonstance, à de nouvelles fonctions ; dans un hôpital, au contraire, il se trouverait sur son terrain, plus libre de ses actions, et n'éprouverait pas autant les incon-

vénients de la vie militaire dans les circonstances
qu'amènent les diverses situations de la guerre.

Cette appréciation générale que nous exprimons
avec la réserve qu'elle comporte, nous avons la
satisfaction de la trouver même dans les écrits des
médecins éminents de la société de secours ; nous
n'avons donc aucun scrupule à la produire : M. le
docteur Le Fort, dans un remarquable article
inséré dans la *Revue des Deux-Mondes*, résume
ainsi sa pensée sur l'action des ambulances civiles
à l'armée : « L'expérience qui vient d'être faite a été
pour la société internationale un échec complet...
La guerre de 1870 a montré surabondamment que
la Société internationale a le tort de détourner de la
chirurgie militaire, pour les employer elle-même,
des médecins civils prêts à entrer temporairement
dans les rangs de l'armée pour se dévouer au
salut de nos blessés, de stériliser en partie des
efforts individuels qui, sous la direction immédiate
des chirurgiens militaires, eussent été bien autrement utilisés. » M. Le Fort est très-précis dans son
opinion, comme on le voit, et elle est basée sur
son expérience personnelle. Plusieurs fois il s'ex-
prime de la même façon : « Le service médical de
l'armée, dit-il encore, doit être centralisé entre les

mains du médecin en chef, et le médecin civil qui, par dévouement au pays et non pour faire un intéressant voyage ou pour obtenir une distinction honorifique, offre volontairement ses services doit être à la disposition entière du médecin en chef de l'armée. » M. le docteur Lucas Championnière, chirurgien de la 5me ambulance, est tout à fait d'avis qu'il n'y a plus lieu d'employer les ambulances civiles à l'armée ; « Nous croyons, dit-il, que les ambulances civiles du champ de bataille ont joué leur rôle, et que ce rôle est terminé. »

Ce n'est pas sans raison que l'on dit qu'à la guerre tout s'enchaîne ; on peut, en effet, trouver des indications dans les faits qui paraissent devoir en fournir le moins ; ainsi la nature des blessures dans nos ambulances nous éclairait sur la valeur de notre tactique. Nous avions deux tiers de blessés par éclats d'obus, nous pouvions en tirer la conséquence que nos soldats étaient trop rapprochés les uns des autres dans le champ de tir des batteries ennemies. Nous suivions, au début de cette guerre, notre ancienne tactique qui consiste à avoir une ligne de tirailleurs, des batteries, et, derrière celles-ci, des réserves d'infanterie autant pour protéger les batteries elles-mêmes que pour renforcer, au besoin,

les lignes de tirailleurs, ou pour opérer un mouvement en avant. Mais, dans une guerre où l'artillerie
joue le plus grand rôle, les choses ne peuvent plus
se passer ainsi : l'action s'engageant à une grande
distance, nos batteries ont moins à redouter une
attaque imprévue et rapide ; et comme elles devien-
nent toujours l'objectif des batteries ennemies, les
réserves d'infanterie, placées derrière nos pièces,
sont fort maltraitées par les projectiles. C'est, en
effet, ce qui est arrivé dans nos premières batailles ;
et en interrogeant les blessés sur la position qu'ils
occupaient ils répondaient invariablement : « Mon
bataillon était derrière la batterie. » Cela seul
suffisait pour faire adopter une tactique nouvelle et
c'est ce qui fut fait. Les tirailleurs espacés les uns
des autres sont dans les meilleures conditions pour
échapper aux coups ; on ne tire pas le canon sur un
homme isolé ; plus il s'approche d'une batterie
ennemie, moins il a de chance d'être atteint et plus
il en a de jeter du trouble dans le service des
pièces en démontant les servants. Le 1er septembre,
à la bataille de Sainte-Barbe, deux obus tombèrent
successivement au milieu d'un bataillon couché à
plat ventre derrière une batterie et firent dix-huit
victimes, tandis que de nombreux tirailleurs très-

rapprochés des batteries prussiennes, à qui ils faisaient beaucoup de mal, n'eurent que quelques blessés. La considération de la nature des blessures doit donc conduire à faire rejeter l'immobilisation des troupes d'infanterie derrière les batteries et à lui préférer le mouvement en avant qui a pour effet immédiat de déranger à chaque instant le tir de l'ennemi et de nous permettre, au moment opportun, une de ces attaques brusques qui nous sont familières et favorables au succès.

Nous avons encore été frappé de la nature des projectiles extraits des plaies; le plus grand nombre consistait en des morceaux de plomb, contournés, déformés, déchirés, très-anguleux, qui ont donné lieu à diverses interprétations et ont même été attribués à la fusion. Nous ne nous rendions pas bien compte d'abord de ce que nous considérions comme de la mitraille; mais la présence de ces masses de plomb nous fut expliquée par l'examen des projectiles. Les obus prussiens sont complétement enveloppés de plomb dans leur partie cylindrique, il en résulte, au moment de l'explosion, une séparation entre les éclats de fer et de plomb, et celui-ci se divisant, se déchirant plus facilement que le fer, les morceaux sont plus nom-

breux ; aussi en rencontrions-nous beaucoup plus
que de fer. Nos obus n'offrent pas le même avantage avec leurs simples petits disques de plomb
qui parcourent les rainures du canon. Je ne sais si
l'on a jamais pu constater comparativement le
nombre moyen d'éclats des obus français et prussiens d'égale dimension, mais, à priori, il semble
que celui qui est constitué par deux métaux de
densité et de ductilité différentes doit en fournir un
plus grand nombre, et comme malheureusement à
la guerre on n'a en vue que la multiplicité des
moyens de destruction, il est bon de ne rien
négliger à cet effet.

Après la rentrée de l'armée sous les murs de
Metz, le rôle des ambulances sur le champ de
bataille était à peu près terminé ; mais il fallait
soigner les nombreux blessés qui avaient été amenés
dans la ville : un ordre prescrivit alors d'envoyer à
Metz tous les médecins et de ne conserver qu'une
ambulance par corps d'armée. Ce n'était pas trop
de toutes les ressources pour pourvoir aux nombreux
besoins que faisait naître la présence d'une si
grande agglomération de blessés dans la ville. Il
ne restait donc dans les camps que les médecins
de régiments qui organisèrent dans le voisinage de

leur bivouac des infirmeries régimentaires pour le
traitement des affections légères, et l'ambulance du
quartier général de chaque corps d'armée qui
établit sous des tentes ou dans des maisons spa-
cieuses un service régulier, il en est qui eurent en
traitement jusqu'à six cents malades, pour diminuer
autant que possible l'accumulation dans la ville.
L'administration fit acheter des paillasses, des
oreillers et les ustensiles les plus indispensables
pour une organisation de campagne. Ces ambulances furent très-utiles, malgré leur défectueuse
installation, et elles ne furent jamais aussi remplies qu'on aurait pu le penser. Nous étions
en présence de causes physiques et morales
qui pouvaient faire craindre l'explosion de cer-
taines maladies nées de l'agglomération dans des
espaces rétrécis, et nous étions en droit de les
redouter, nous rappelant encore les terribles et
funestes résultats de la prolongation de notre séjour
sur le plateau de la Crimée ; mais heureusement
nos craintes ne furent pas justifiées ; nous n'eûmes
qu'un nombre relativement minime de malades, et
beaucoup l'étaient par imprudence en abusant,
avant leur maturité, des fruits qui abondaient dans
les jardins au milieu desquels nous étions campés.

Les modifications dans la qualité et dans la quantité
des aliments exercèrent même peu d'influence sur
la santé des hommes, et il est remarquable que
l'état sanitaire se soit maintenu aussi bon avec
l'usage d'aliments de médiocre qualité dont on ne
pouvait même pas relever le goût avec les condi-
ments les plus vulgaires.

Le pain a longtemps été de bonne qualité, fait
avec de bonnes farines, mais un peu fade parce
qu'il manquait de sel ; vers la fin du blocus seulement on mélangea à la farine le blé concassé et
d'autres matières qui altérèrent la qualité du pain
et le rendirent d'une digestion plus difficile. La
quantité a dû en être successivement réduite : de
750 grammes elle a été portée à 500, puis à 300;
cette limite ayant été considérée comme extrême,
pour ne pas provoquer les maladies qui peuvent
naître de l'insuffisance.

Pour éviter toute déperdition de matière par la
mouture, fort difficile du reste, et le blutage, on a
imaginé de soumettre le blé à une sorte de macé-
ration dans l'eau et à le concasser ensuite pour faire
le pain ; mais on ne tarda pas à se convaincre que
cette opération n'était pas praticable. Soumis à
la cuisson, ce pain se désagrégeait et tombait

en miettes; il fallut y ajouter un tiers de farine
pour obtenir une agglomération imparfaite. Ce
pain était fort mauvais au goût, d'une digestion
difficile; il provoquait des flux intestinaux, et on
ne tarda pas à renoncer à son usage.

La viande de cheval a fait exclusivement, pendant deux mois, les frais de l'alimentation de l'armée. Une fois la première répugnance vaincue, les
hommes mangeaient cette viande comme celle du
bœuf, et ils étaient arrivés, par des préparations
particulières, à la rendre même agréable. Le bouillon, qu'ils trouvaient amer les premiers jours, per-
dait ce goût désagréable quand on jetait l'eau de la
première ébullition et qu'on la remplaçait par une
autre quantité destinée à faire la soupe. Assaisonnée
en ragoût avec quelques pommes de terre, que l'on
trouvait encore à force de recherches, cette viande
donnait un mets, sinon excellent, au moins réconfor-
tant. Malheureusement nos chevaux, qui mouraient
d'inanition, n'avaient plus de chair, et ce n'était que
dans la quantité que l'on trouvait les éléments d'une
réparation suffisante; aussi la viande a-t-elle toujours été augmentée en raison de la diminution du
pain et portée à 750 grammes quand le pain était à
300 grammes. Du reste, la viande de cheval pos-

sède toutes les qualités nourrissantes de celle du
bœuf ; elle n'est certainement pas d'aussi bon goût,
mais une prévention peu justifiée la fait seule rejeter de l'alimentation.

Le vin, l'eau-de-vie ont toujours pu être distri-
bués dans une certaine mesure ; mais la spéculation
en a souvent altéré les qualités dans les cantines où
se rendaient les hommes, et maintes fois nous avons
constaté des indispositions dues à leur usage.

La plus grande privation était celle du sel. Rien
n'est bon, rien n'est sapide sans cet assaisonnement,
et cette privation s'est fait sentir presque au commencement du blocus. Ce n'est pas seulement le
goût des aliments qui est modifié par la privation
du sel, les fonctions digestives sont elles-mêmes
perverties et de beaucoup diminuées ; et il peut en
résulter des états morbides comme la chlorose, l'ané-
mie, la pâleur, l'œdème dus à un défaut de réparation suffisante. Un aliment privé de sel est lourd à
l'estomac, se digère péniblement, fournit moins de
principes nutritifs et par suite plus de résidu dont
l'excès fatigue l'intestin.

Les maladies les plus communes étaient les
affections des voies digestives sous différentes
formes, mais presque toujours bénignes. Les états

typhoïdes ont eu, un moment, une prédominance
marquée, mais ne se sont pas étendus dans les
camps au delà des limites où ils se manifestent
ordinairement dans les grands rassemblements ;
c'est cependant la maladie qui a fait le plus de
victimes. Nous avons tous remarqué la tendance
des flux intestinaux à diminuer sous l'influence
d'une nourriture animale plus copieuse : quand la
quantité de viande de cheval a été portée à
750 grammes par homme, nous avons constaté un
moins grand nombre de ces diarrhées séreuses
entretenues par l'humidité, le refroidissement de
la température, surtout la nuit, et l'abus des fruits,
et nous avons attribué ces modifications à la cha-
leur animale plus grande développée par l'usage
d'une alimentation plus réparatrice qui stimulait
davantage les fonctions intestinales. Nous étions
fondé dans cette opinion par les faits dont nous
avons été témoin en Crimée : quand notre armée
était ravagée par les maladies provenant de la dé-
bilitation, l'armée anglaise, qui était plus substan-
tiellement nourrie, surtout en viande, jouissait
d'un état sanitaire parfait. Bien des faits de ce
genre nous fortifient du reste, dans la persuasion
qu'en campagne la nourriture du soldat doit, au-

tant que possible, être substantielle et réparatrice.

Le plus grand ennemi de l'état sanitaire résidait
dans les variations atmosphériques, dans l'humidité
dont les hommes étaient imprégnés. A peine nos
bivouacs se séchaient-ils à la surface que de nouvelles pluies les transformaient en lacs, et nos soldats
passaient leur vie dans des vêtements humides ou
couchés sur un sol détrempé. Toutes les précautions
étaient prises pour éviter, autant que possible, les
effets de cette situation : chaque jour de soleil
les petites tentes étaient enlevées, les couvertures
battues ; des rigoles facilitaient l'écoulement des
eaux et les plus grands soins de propreté, aussi bien
dans les camps que chez les hommes, étaient re-
commandés et surveillés. C'est à ces sages précautions que nous avons dû de ne pas voir s'accroître
le nombre des malades qui a toujours été inférieur
à nos prévisions. Le 6ᵉ corps, dont je puis particulièrement citer les chiffres, a toujours été dans une
situation sanitaire satisfaisante ; la moyenne de ses
malades à l'infirmerie régimentaire ou sous la tente
a été dans chaque décade de 1 sur 34 ou 35 de
l'effectif total. Ainsi, du 20 au 30 septembre, l'effectif
du corps étant de : officiers 1,145, troupe 26,078,

nous avions : officiers malades, 19 ou 1 sur 60 ;
troupe, malades, 759 ou 1 sur 34,30.

Du 10 au 20 octobre nous avions 1 malade sur
53 dans l'infanterie, 1 malade sur 57 dans l'artillerie, 1 malade sur 15 dans la cavalerie. La
moyenne a toujours été plus élevée dans cette arme
à partir du moment où les cavaliers ont été privés
de leurs chevaux. Il y a dans ce fait un exemple
remarquable de l'influence de l'action morale sur
l'aptitude des hommes à supporter les fatigues
d'une campagne; un cavalier sans son cheval n'est
plus dans son élément, le service à pied le fatigue,
et il se trouve prédisposé aux maladies par l'action
des causes physiques et par le chagrin des priva-
tions plus grandes qui le frappent.

C'est dans ces conditions que les hommes, au
camp, traversaient la longue période du blocus.
Au point de vue sanitaire, l'armée était apte à
répondre à tout ce qu'on pouvait lui demander,
et son état moral était entretenu par l'espérance
qu'un jour viendrait où elle pourrait utiliser ses
forces; mais à Metz la situation n'était pas aussi
favorable, les plus grands embarras, les plus
grandes difficultés y surgissaient; déjà on était
débordé par le nombre des malades et blessés, et

le moment approchait où il serait impossible de
faire face aux nécessités créées par la force des
choses en dehors de toutes les prévisions.

Au début de la campagne, l'administration
militaire, prévoyant que Metz deviendrait un grand
centre d'évacuation, avait tout d'abord cherché à
entrer en arrangement avec la ville pour qu'elle
prît à sa charge la responsabilité des soins aux
blessés; elle demandait à la ville « de se charger
de l'organisation et de la gestion des hôpitaux
temporaires nécessaires aux malades et blessés de
l'armée, et de la gestion de l'hôpital militaire de
Metz dont le personnel serait retiré. La ville choi-
sirait les médecins, les sœurs (si elle désirait en
avoir), le personnel, l'administration, les infirmiers;
elle fournirait les locaux, les médicaments, les
aliments; elle entrerait en jouissance de tout le
matériel de l'hôpital militaire, et l'administration de
la guerre lui procurerait, en totalité ou en partie,
le matériel nécessaire à ces hôpitaux temporaires.
Le but principal de cette mesure était de rendre
disponible le personnel attaché à l'hôpital militaire
de Metz, afin de le porter sur les points où l'appelle-
rait l'intérêt de l'armée. » Cette proposition, dont
la portée ne se comprenait pas bien, ne fut pas

acceptée par la municipalité, qui se renferma dans les mesures que venait d'adopter le conseil central d'hygiène de faire construire immédiatement au Polygone un baraquement pour deux mille lits avec l'approbation de l'autorité militaire.

De son côté, l'intendance militaire avait pris des dispositions pour augmenter ses ressources et elle put bientôt disposer de quatre mille lits environ. Ce chiffre paraissait suffisant au commencement des hostilités; ne pouvant pas prévoir l'éventualité du blocus, on pensait qu'il serait toujours facile de faire des évacuations nombreuses dans l'intérieur de la France, et déjà les baraques du camp de Châlons, les fermes qui l'entourent avaient été étudiées en vue d'y recevoir les malades et blessés de l'armée, dont un grand nombre fut évacué par le chemin de fer dès les premiers jours. Les 17 et 18 août on put encore en diriger deux mille cinq cents par la route des Ardennes; mais nous allions être cernés et la ville devait seule pourvoir aux nombreux besoins qui se renouvelaient chaque jour. Les casernes, toutes pourvues de lits de troupe, avaient déjà été préparées pour les premiers blessés; celle du génie avait été remplie après Borny, et il devenait urgent de disposer tous les autres locaux

rendus à la hâte disponibles, comme les grands
édifices de l'État : la manufacture des tabacs, le
lycée, les communautés religieuses, les séminaires,
l'établissement des jésuites, les écoles, l'évêché, le
palais de justice, la préfecture, etc., etc., et enfin
un grand nombre de maisons furent aussi ouvertes
aux blessés.

Le 17 août, le général commandant la place
avait invité la population à se porter au-devant des
blessés de Rézonville et même à en abriter le plus
possible. Tout le monde s'est rendu à cet appel ;
mais, comme on le comprit bientôt, cette dissémi-
nation de blessés échappant à l'action de l'autorité,
devait être fâcheuse ; elle permettait aux hommes,
toujours trop nombreux, qui cherchaient à se sous-
traire à leurs devoirs, l'occasion et le moyen de
vivre en paix dans les maisons, consommant des
ressources qui auraient pu être plus utilement
employées ; l'on dut même prendre des mesures
pour rechercher tous ceux qui s'étaient éloignés de
leur compagnie sous un prétexte inadmissible, et
l'autorité décida que « les personnes qui voudraient
prendre des blessés dans leur domicile s'adresse-
raient aux médecins traitants des ambulances pour
la désignation de ceux qui pourraient être placés

chez les particuliers. » Cette mesure était bonne pour tenir un contrôle exact de tous les malades ou blessés qui sans cela auraient échappé à la surveillance.

Aux ambulances déjà établies vinrent se joindre bientôt les ambulances sous tentes dressées sur l'esplanade, au jardin Boufflers, au Saulcy ; elles n'étaient pas les moins bonnes, l'aération dont elles jouissaient les rendait même préférables aux ambulances dans les locaux fermés, j'en excepte toutefois l'ambulance du Saulcy. Enfin tout fut mis en œuvre dans ces moments d'extrême nécessité, 300 wagons de la compagnie de l'Est furent disposés pour abriter nos malades et blessés, si bien que, grandes ou petites, on ne comptait pas moins de 60 à 70 ambulances où 22,000 hommes ont été réunis vers la fin de la campagne ; les maisons particulières ont été ouvertes à plus de 2,500 blessés parmi lesquels les officiers étaient en grand nombre.

On comprend aisément qu'une aussi grande agglomération de blessés et de malades devait faire naître des difficultés de toutes sortes ; d'abord pour les soins médicaux, mais l'administration a rencontré de suite le plus grand empressement chez

les médecins civils de Metz. Ceux-ci se sont réunis
sous la direction d'un des leurs, M. Isnard, ancien
médecin principal de l'armée, aujourd'hui en retraite,
et ils ont pris le service des baraques du Polygone
qui ont toujours été remplies et ont eu plus de
deux mille habitants; plusieurs de ces médecins,
indépendamment de ce service, consacraient encore
leur temps à d'autres ambulances chez des particuliers. Les médecins militaires s'étaient réservé
le plus grand nombre des ambulances établies dans
les casernes, sous les tentes et dans plusieurs édifices de l'État. Toujours et partout le plus grand
dévouement a été mis au service des malheureux, et
si tout le bien possible n'a pas été fait il faut en
accuser plutôt les difficultés nées des circonstances
que le bon vouloir et l'abnégation de tous.

Le linge, les médicaments étaient fournis, autant
que possible, par l'administration militaire, mais
elle aurait été vite impuissante sans les dons volontaires de toutes les familles et l'activité que les
dames ont déployée dans les soins à donner au
blanchissage du linge, à son entretien, à sa prépa-
ration. Ces âmes dévouées et généreuses s'étaient
formées en comités, chacun avait ses attributions,
et nos blessés ont toujours été, de leur part, l'objet

de la plus touchante sollicitude. Dans nos ambulances les dames donnaient l'exemple de tous les dévouements avec cet admirable entrain dont les natures délicates sont particulièrement capables ; et si quelque chose peut consoler des malheurs qui nous ont frappés c'est bien cette charité exquise dont nous étions tous touchés et attendris.

Indépendamment des secours directs apportés par les habitants, les générosités en espèces n'ont pas manqué. Dès les premiers jours, les souscriptions, les dons volontaires avaient fourni la somme considérable de près de 88,000 francs avec lesquels il fut pourvu aux besoins de luxe, aux douceurs que l'on accordait aux blessés, les frais de nourriture étant à peu près payés par l'administration militaire qui allouait d'abord 2 francs, puis 2 fr. 50 centimes par homme et par jour dans toutes les ambulances qui n'étaient pas directement régies par elle.

Les objets de couchage n'ont pas été faciles à réunir ; l'administration militaire ayant épuisé toutes les réserves des magasins, la ville nous vint encore en aide par ses prêts, par ses dons ; mais nous ne pûmes cependant pas arriver à coucher commodément tous nos blessés ; dans les ambulances sous

tentes, plusieurs milliers couchaient sur la paille
dont le sol était recouvert, néanmoins ces ambulances
n'étaient pas mauvaises ; elles bénéficiaient d'une
aération plus facile et étaient plus favorables aux
blessés.

La plus grande difficulté consistait dans l'alimentation : les hommes, épuisés par la souffrance,
par la fièvre, par les suppurations longues, auraient
eu besoin d'une nourriture fortifiante, tonique, et
nous n'avions malheureusement pas grand'chose à
leur donner ; la charité publique, malgré son bon
vouloir, aurait été impuissante à procurer le nécessaire ; le sucre, le sel manquaient partout, et parmi les
médicaments, les désinfectants, si indispensables,
diminuaient sensiblement. Il nous semble que la convention de Genève aurait à combler une lacune pour
les circonstances analogues à celles où nous nous
sommes trouvés à Metz ; elle devrait décider que
des médicaments peuvent toujours être introduits
dans une place assiégée. Quelles que soient les
rigueurs nécessaires de la guerre, les blessés, les
malades doivent toujours être hors de cause ; il
suffirait d'une résolution internationale pour diminuer, en ce qui concerne les victimes de la guerre,
une partie des horreurs qu'elle amène.

Il faut autour des blessés des soins de propreté
incessants, une surveillance attentive de leurs besoins
et nous manquions d'infirmiers habitués; ceux qui
venaient spontanément, des jeunes gens de la ville,
des gardes nationaux, se multipliaient pour remplir
les offices les plus vulgaires sans répugnance; mais
ceux qui ne voyaient dans leur service que la rému-
nération quotidienne étaient fort au-dessous de ce
qu'on devait en attendre. Il n'en était pas de même
des femmes qui, pour vivre, étaient obligées d'accepter un salaire; la charité les guidait générale-
ment, et elles faisaient plus que ce qui leur était
demandé, les dames même ne dédaignaient pas de
remplir ces offices de propreté auxquels elles sont
peu habituées, et ces services prenaient aux yeux
de tous les proportions de l'acte le plus méritoire.

Ce n'est pas ici le lieu d'entrer dans les détails
relatifs aux ambulances de Metz; les personnes qui y
ont pris une large part se chargeront de ce soin; pour
nous, qui n'avons fait que concourir au but proposé, dans la limite du temps qui nous était laissé,
nous ne pouvons que dire combien nous avons été
touché de tous les dévouements dont nous avons
été témoin, aucun courage n'a manqué; les géné-
reux sentiments stimulaient les plus faibles, les

femmes de toutes les classes ont été des anges de
bonté et de délicate attention, autant pour aider les
malheureux dans leurs souffrances que pour relever
leur moral défaillant et il ne saurait y avoir assez
de reconnaissance dans l'armée de Metz pour la
mettre à la hauteur des services qui lui ont été rendus par les dames de la ville.

Parmi les ambulances créées à Metz, celle du
Polygone était la plus considérable, elle fut établie
sur le modèle des ambulances américaines au
moyen de baraques disposées parallèlement et
espacées de six à sept mètres; la toiture était com-
binée de façon à laisser toujours un espace pour
la ventilation correspondant à une ventilation infé-
rieure, de manière à chasser facilement tous les
miasmes de bas en haut. Cette disposition, consa-
crée par l'expérience, a justifié cette fois encore sa
réputation. Quoiqu'on la nomme *système américain,*
nous pouvons en réclamer la priorité : dès 1830,
des baraques analogues ont été construites pour les
hôpitaux du Dey et de la Salpêtrière à Alger et
nous avons toujours constaté l'excellence de ces con-
structions au point de vue hygiénique.

Ces baraquements ont logé jusqu'à 2,250 hommes; 5,200 malades ou blessés y ont été traités,

sur lesquels il y a eu 634 décès, les soins médicaux
y ont été donnés par des médecins civils de Metz.
Les ambulances de Metz se décomposent ainsi :

AMBULANCES ADMINISTRÉES DIRECTEMENT
PAR L'INTENDANCE MILITAIRE.

MALADES OU BLESSÉS.

Hôpital militaire.......	1,600	Médecins militaires.
Caserne de cavalerie du fort de Mosell.......	1,700	—
Magasin d'artillerie de..	650 à 1,000	—
Magasin aux grains de..	400 à 500	—
Caserne Chambière de..	1,000 à 2,000	—
Tentes du Pauley de...	700 à 900	—
Caserne du génie de...	1,000 à 2,000	Médecins Mres et civils.
Tentes de l'esplanade de	1,200 à 1,500	Médecins Mres et 1 civil.
Caserne de Coislin de .	1,200 à 1,500	Médecins Mres et civils.
Le Polygone de.......	1,200 à 2,270	Médecins civils.
Manufactures des Tabacs	1,400	Médecins Mres et 1 civil.

AMBULANCES RÉGIES POUR LE COMPTE
DE L'INTENDANCE.

HOMMES.

Hôpital du Bon-Secours de...............	50 à 180	Médecins civils.
Collége Saint-Clément de	100 à 150	Médecins civils et Mres.
Lycée de............	130 à 175	—
Presbytère Saint-Simon,	20	Médecins militaires.
Hôtel de l'artillerie de..	90 à 115	Médecins Mres et civils.
Ambulance sous Wagons de...............	1,000 à 1,200	—
Palais de Justice de....	100 à 158	Médecins civils.

École d'application.....	97 (officiers)	Médecins M^res et 1 civil.
Maison de la Régence...		12 Médecin civil.
École Friedland........		25 —
Dispensaire de........	60 à	120 Médecins militaires.
École Mazelle de.......	39 à	107 Médecins M^res et civils.
École de la Grève de...	28 à	83 Médecin civil.

AMBULANCES ENTRETENUES PAR SUITE DE TRAITÉS A FORFAIT.

HOMMES.

Salle Foulon de............	35 à	45 Médecin civil.
Maison Mamer de.........	10 à	25 Médecins civils.
École Saint-Vincent de.....	50 à	60 —
Sainte-Blandine de........	15 à	20 Médecin civil.
Maison Strauss............		15 Médecin M^re en retraite.
École protestante de........	12 à	14 Médecin militaire.
Maison de l'abbé Risse de...	40 à	50 Médecin civil.
Bon Pasteur de............	40 à	45 —
Maternité de..............	15 à	25 —
Visitation de..............	20 à	58 Médecins civils.
Écoles Israélites de........	20 à	30 Médecin civil.
Maison des orphelins de.....	25 à	35 —
École normale de..........	30 à	40 —
École des Frères..........		15 —
Ligue de l'enseignement de.	10 à	18 —
Maison Fizaine de........	25 à	30 Médecins civils.
Maison des Roches de......	40 à	45 Médecin civil.
Rue Serpenoise, n° 9, de...	17 à	30
Rue de la Chèvre, n° 19 de..	12 à	14 Médecins civils.
École de Sainte-Catherine de	20 à	40 Médecin civil.
Loge maçonnique de.......	12 à	15 —
Grand séminaire de........	50 à	70 —
Hospice Saint-Nicolas de....	60 à	120 Médecins civils.
Couvent du Sacré-Cœur de..	40 à	60 Médecin civil.

```
Maison Georges de.........  15 à  18 Médecin militaire.
Sœurs de l'Espérance.......       10       —
Sainte-Catherine de.... ...  60 à  90 Médecin civil.
Maison Claudin de.........  15 à  18 Médecin militaire.
Maison St-Vincent de Paul de 10 à  20 Médecin civil.
Maison Moreau..... ......        45       —
```

AMBULANCES RÉGIES GRATUITEMENT.

```
Maison de Bouteiller de 10 à 17 officiers. Médecin civil.
Évêché de............ 27 à 33 malades.       —
Maison Geisler de..... 10 à 15      —    Médecin militaire.
```

AMBULANCES RÉGIES GRATUITEMENT PENDANT UN CERTAIN TEMPS.

Hôtel de la Préfecture de 15 à 18 malades. Médecins civils et Mes Serres et tentes du Jardin Fabert de 80 à 150 malades. Délégation de la société internationale française de secours aux blessés, cette ambulance avait pour chirurgiens en chef MM. les docteurs Le Fort et Liégeois.

Enfin, après la capitulation, quand le cercle de fer qui nous étreignait fut ouvert, les sociétés de secours anglaise, belge, hollandaise et luxembourgeoise, vinrent nous apporter le plus possible de ces choses indispensables qui nous faisaient défaut depuis si longtemps ; des médicaments surtout. Ce fut une providence. Ce que nos malheureux blessés auraient tenu de la générosité du vainqueur

leur aurait semblé un secours trop amer. Peu à
peu, nos ambulances se vidèrent, une partie des
blessés fut envoyée en Allemagne, les mutilés seuls
furent autorisés à rentrer dans leurs foyers.

Pour terminer le tableau de nos misères, nous
trouvons dans les publications officielles de la municipalité de Metz, le chiffre des décès dans l'armée,
en 1870. Il est mort à l'hôpital et dans les
ambulances militaires de Metz, en 1870, plus de
6,500 hommes dont 75 seulement du 1er janvier au
15 août et le reste en quatre mois et demi, du
15 août au 31 décembre.

Les principales maladies régnantes pendant le
blocus ont été la variole, qui a donné la mort à
176 militaires, la dyssenterie à 726 et la fièvre
typhoïde qui a fait 1,364 victimes. De toutes les
maladies, celle-ci est la plus redoutable en campagne, chez les jeunes soldats surtout, et rien ne nous
manquait pour qu'elle s'exerçât avec rigueur ; nous
n'eûmes heureusement pas à constater ces graves
épidémies qui se développent au milieu des blessés
et les enlèvent presque tous. Grâce à Dieu, nous
avons pu conjurer cette grande calamité.

PARIS. — J. CLAYE, IMPRIMEUR, 7, RUE SAINT-BENOÎT. — [145]

www.ingramcontent.com/pod-product-compliance
Lightning Source LLC
LaVergne TN
LVHW052109090426
835512LV00035B/1457